AF175815

Impressum
Verlag: BABADADA GmbH, Nedderfeld 112 , 22529 Hamburg
Geschäftsführer / Verlagsleitung: Harald Hof
Druck: Books on Demand GmbH, In de Tarpen 42, 22848 Norderstedt

Imprint
Publisher: BABADADA GmbH, Nedderfeld 112 , 22529 Hamburg, Germany
Managing Director / Publishing direction: Harald Hof
Print: Books on Demand GmbH, In de Tarpen 42, 22848 Norderstedt

la escuela

shule

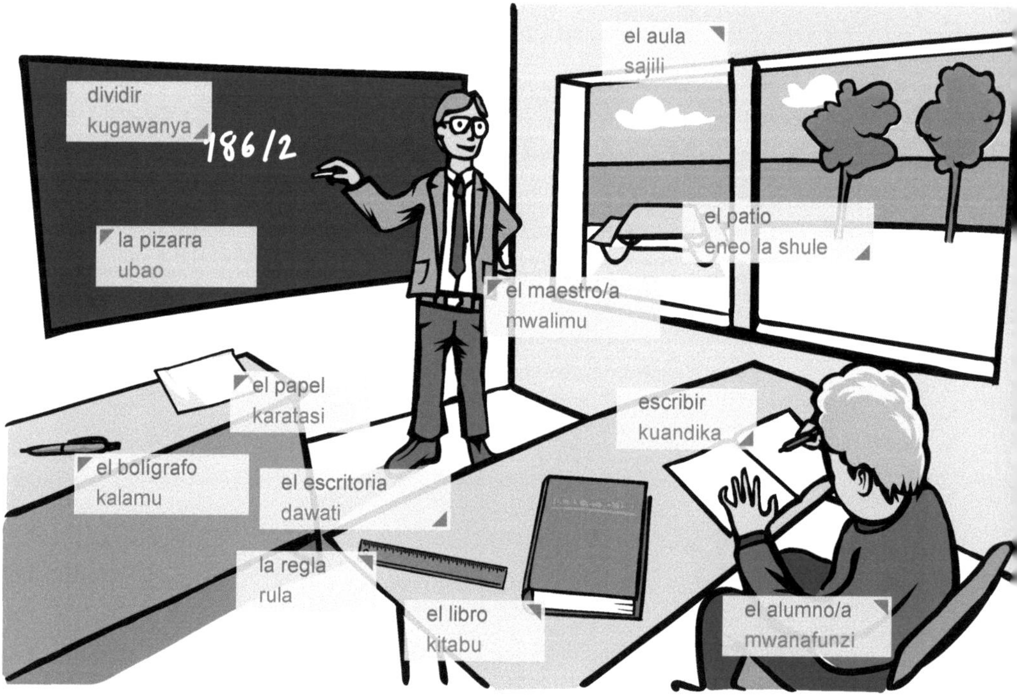
el aula
sajili
dividir
kugawanya
186/2
la pizarra
ubao
el patio
eneo la shule
el maestro/a
mwalimu
el papel
karatasi
escribir
kuandika
el bolígrafo
kalamu
el escritoria
dawati
la regla
rula
el libro
kitabu
el alumno/a
mwanafunzi

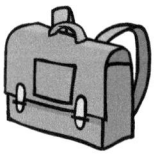

la cartera

mkoba

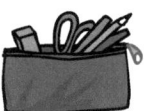

la caja de lápices

kikasha cha penseli

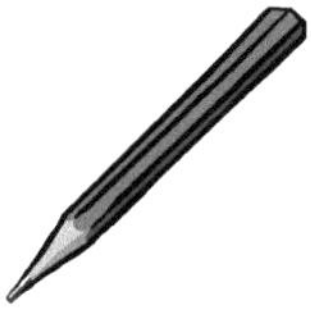

el lápiz

penseli

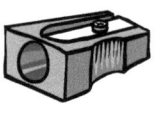

el sacapuntas

kichonga penseli

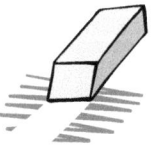

la goma de borrar

mpira

el cuaderno de dibujo

pedi ya kuchora

el dibujo
uchoraji

el pincel
brashi ya rangi

la caja de pinturas
sanduku la rangi

las tijeras
mkasi

el pegamento
gundi

el cuaderno de ejercicios
daftari

los deberes
kazi ya nyumbani

el número
nambari

sumar
jumlisha

restar
ondoa

multiplicar
zidisha

calcular
kokotoa

la letra
barua

el alfabeto
alfabeti

la palabra
neno

el texto

maandishi

leer

kusoma

la tiza

chaki

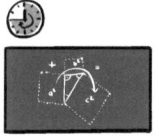

la lección

somo

el cuaderno de notas

sajili

el examen

uchunguzi

el certificado

cheti

el uniforme

sare za shule

la educación

elimu

la enciclopedia

elezo

la universidad

chuo kikuu

el microscopio

darubini

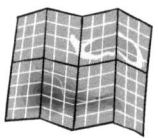

el mapa

ramani

la papelera

kikapu cha kuweka karatasi chafu

el hotel
hoteli

el albergue
hosteli

ROOMS

EXCHANGE

oficina de cambio de divisas
ya ubadilishanaji

la maleta
sanduku

el coche
gari

el idioma

lugha

sí / no

ndiyo / la

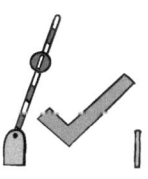

Vale

sawa

hola

hujambo

el traductor

mtafsiri

Gracias

Asante

¿cuánto es...?

kiasi gani ni ...?

No entiendo

Sielewi

el problema

tatizo

¡Buenas tardes!

Jioni njema!

¡Buenos días!

Habari za asubuhi!

¡Buenas noches!

Usiku mwema!

adiós

kwa heri

la dirección

mwelekeo

el equipaje

mizigo

la bolsa

mfuko

la mochila

shanta

el invitado

mgeni

la habitación

chumba

el saco de dormir

begi la kulalia

la tienda de campaña

hema

la información turística

taarifa ya utalii

la playa

ufuo

la tarjeta de crédito

kadi

el desayuno

kifunguakinywa

el almuerzo

chakula cha mchana

la cena

chakula cha jioni

el billete

tiketi

el ascensor

kuinua

el sello

muhuri

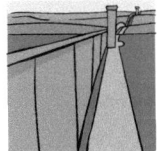

la frontera

mpaka

la aduana

mila

la embajada

ubalozi

la visa

visa

el pasaporte

pasipoti

el transporte
usafiri

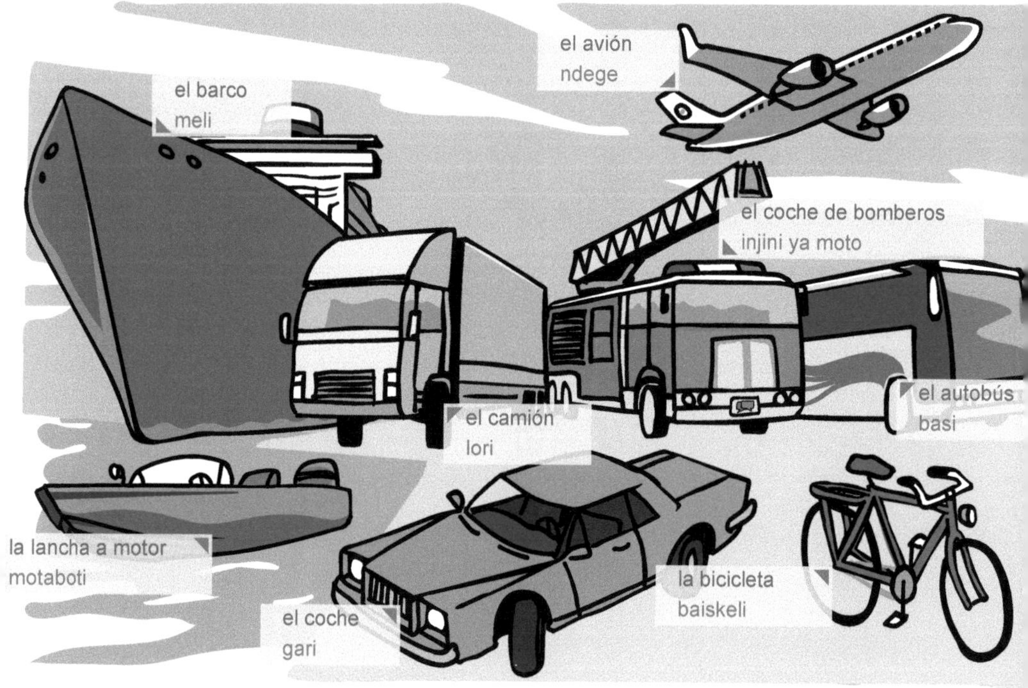
el avión
ndege
el barco
meli
el coche de bomberos
injini ya moto
el autobús
basi
el camión
lori
la lancha a motor
motaboti
la bicicleta
baiskeli
el coche
gari

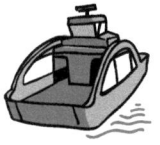

el transbordador

feri

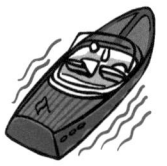

la barca

mashua

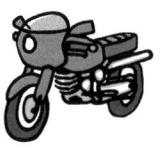

la moto

pikipiki

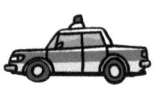

el coche de policía

gari la polisi

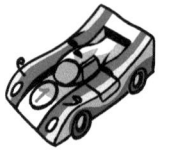

el coche de carreras

gari la mashindano

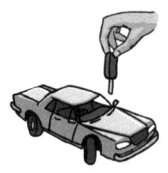

el coche de alquiler

gari la kukodisha

l préstamo de vehículos

kushiriki gari

la grúa

lori la kuvuta

el camión de la basura

ukusanyaji taka

el motor

motor

la gasolina

mafuta

la gasolinera

kituo cha mafuta

la señal de tráfico

ishara trafiki

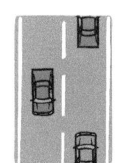

el tráfico

trafiki

el atasco

msongamano

el aparcamiento

maegesho

la estación de tren

kituo cha treni

las vías

reli

el tren

garimoshi

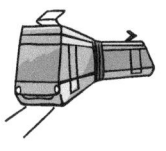

el tranvía

tremu

el vagón

gari la mizigo

el helicóptero

helikopta

el aeropuerto

uwanja wa ndege

la torre

mnara

el pasajero

abiria

el contenedor

chombo

la caja de cartón

katoni

la carretilla

mkokoteni

la cesta

kikapu

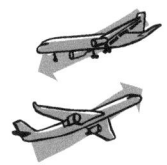

despegar / aterrizar

ondoka

la ciudad

jiji

el pueblo

kijiji

el centro de la ciudad

katikati ya jiji

la casa

nyumba

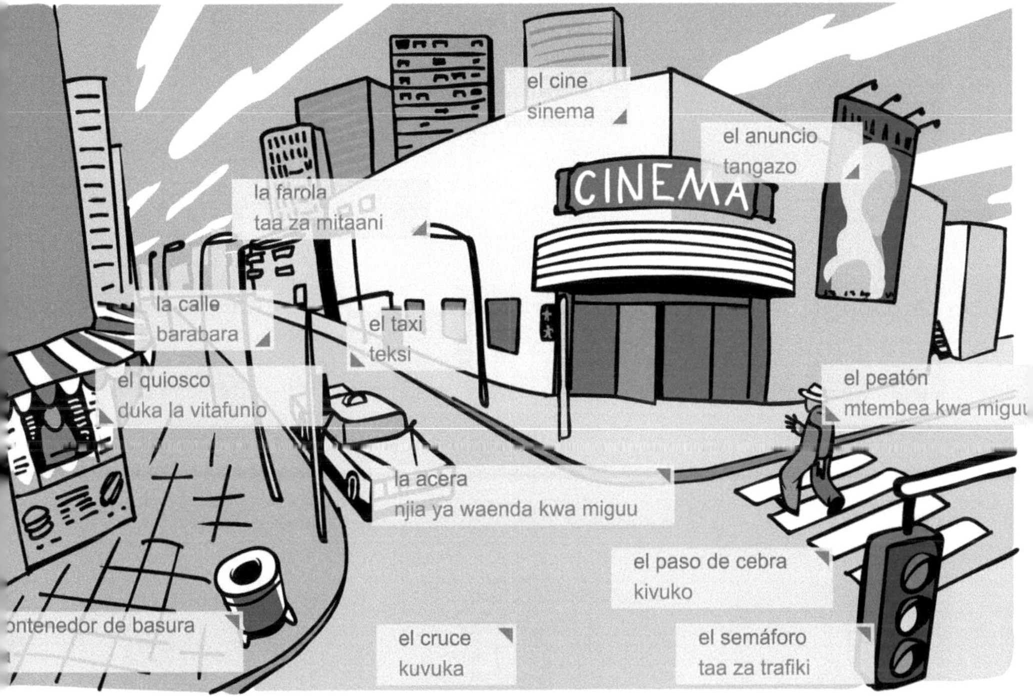

el cine
sinema
el anuncio
tangazo
CINEMA
la farola
taa za mitaani
la calle
barabara
el taxi
teksi
el quiosco
duka la vitafunio
el peatón
mtembea kwa miguu
la acera
njia ya waenda kwa miguu
el paso de cebra
kivuko
ontenedor de basura
el cruce
kuvuka
el semáforo
taa za trafiki

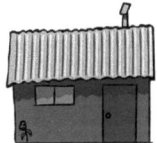

la cabaña

kibanda

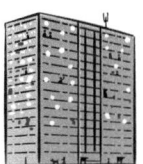

el apartamento

gorofa

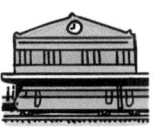

la estación de tren

kituo cha treni

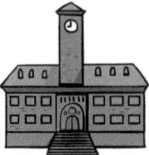

el ayuntamiento

ukumbi wa mji

MUSEUM

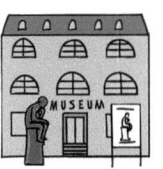

el museo

Makavazi

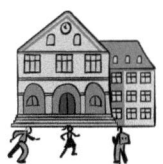

la escuela

shule

la universidad

chuo kikuu

el banco

benki

el hospital

hospitali

el hotel

hoteli

la farmacia

duka la dawa

la oficina

ofisi

la librería

duka la kitabu

la tienda de campaña

duka

la floristería

duka la maua

el supermercado

dukakuu

el mercado

soko

los grandes almacenes

idara ya kuhifadhi

la pescadería

mwuza samaki

el centro comercial

kituo cha ununuzi

el puerto

bandari

el parque

Hifadhi

el banco

benki

el puente

daraja

las escaleras

vidato

el metro

chini ya ardhi

el túnel

handaki

la parada de autobús

kituo cha mabasi

el bar

bar

el restaurante

mgahawa

el buzón

sanduku la posta

el poste indicador

ishara ya barabara

el parquímetro

mita ya maegesho

el zoo

bustani ya wanyama

la piscina

kidimbwi cha kuogelea

la mezquita

msikiti

la granja
shamba

la contaminación
uchafuzi

el cementerio
makaburini

la iglesia
kanisa

el patio de juego
uwanja wa michezo

el templo
hekalu

el paisaje
mazingira

la hoja
jani

la señal
ishara ya mwelekeo

el camino
njia

el prado
malisho

la piedra
jiwe

el excursionista
mtembeaji wa masafa

el árbol
mti

el río
mto

la hierba
nyasi

la flor
ua

el valle

bonde

la colina

kilima

el lago

ziwa

el bosque

msitu

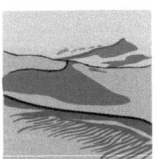

el desierto

jangwa

el volcán

volkano

el castillo

ngome

el arcoíris

upinde wa mvua

el champiñón

uyoga

la palmera

mtende

el mosquito

mbu

la mosca

kuruka

la hormiga

chungu

la abeja

nyuki

la araña

buibui

el paisaje - mazingira

el escarabajo

mende

la rana

chura

la ardilla

kuchakuro

el erizo

nungunungu

la liebre

sungura

la lechuza

bundi

el pájaro

ndege

el cisne

swan

el jabalí

nguruwe mwitu

el ciervo

kulungu

el alce

aina ya kongoni

la presa

bwawa

la turbina eólica

tabo ya upepo

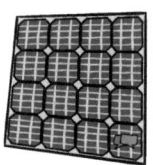

el panel solar

nishaji ya jua

el clima

hali ya hewa

el paisaje - mazingira

el restaurante

mgahawa

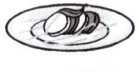

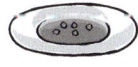

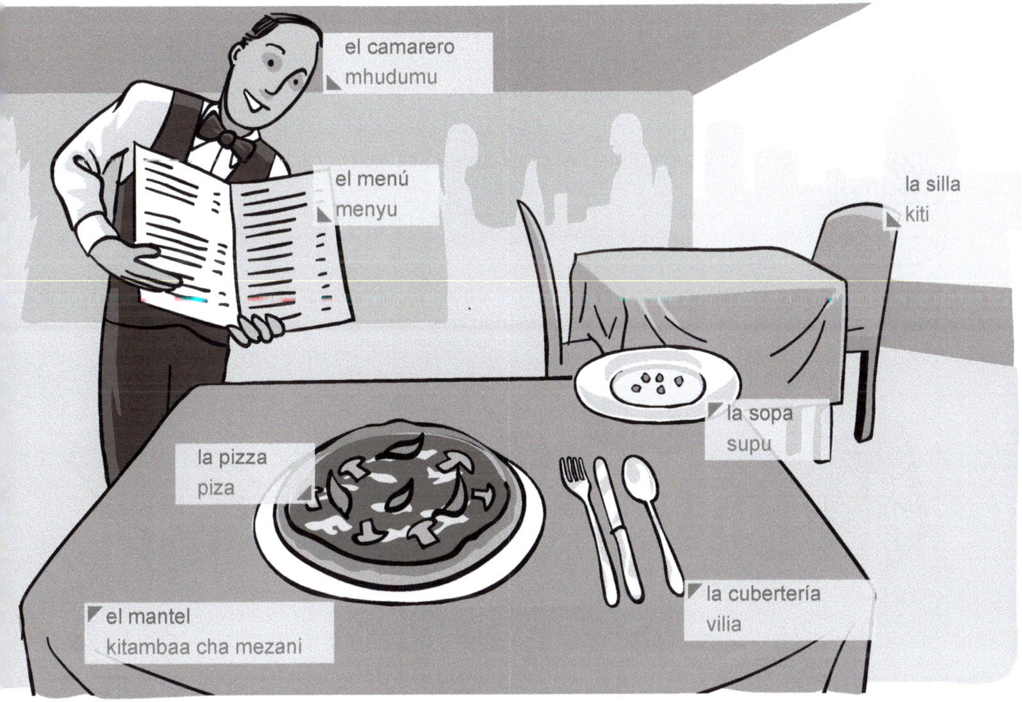

el camarero
mhudumu
el menú
menyu
la silla
kiti
la sopa
supu
la pizza
piza
la cubertería
vilia
el mantel
kitambaa cha mezani

el primer plato

kiamsha hamu

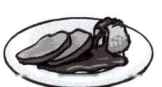

el plato principal

kozi kuu

el postre

kitindamlo

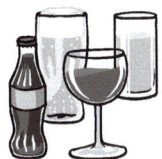

las bebidas

vinywaji

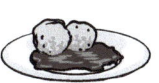

la comida

chakula

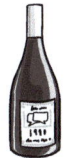

la botella

chupa

la comida rápida

chakula cha haraka

la comida callejera

Streetfood

la tetera

buli

el azucarero

kisanduku cha sukari

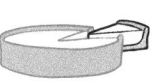

la porción

sehemu

la cafetera expreso

mashine ya espresso

la trona

kiti kirefu

la cuenta

muswada

la bandeja

trei

el cuchillo

kisu

el tenedor

uma

la cuchara

kijiko

la cucharilla

kijiko cha chai

la servilleta

nepi

el vaso

glasi

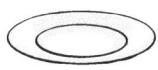

el plato
sahani

el plato hondo
sahani ya supu

el platillo
sufuria

la salsa
mchuzi

el salero
kichanyaji chumvi

el molinillo de pimienta
kinu cha pilipili

el vinagre
siki

el aceite
mafuta

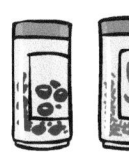

las especias
viungo

el ketchup
kechapu

la mostaza
haradali

la mayonesa
kachumbari nzito

el supermercado

dukakuu

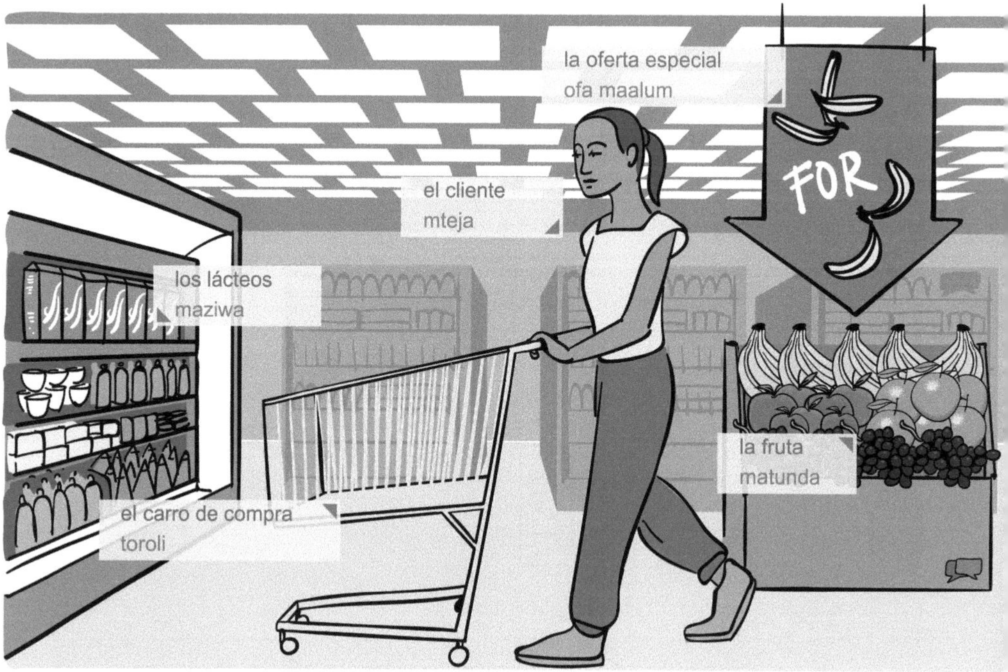

la oferta especial
ofa maalum
FOR
el cliente
mteja
los lácteos
maziwa
la fruta
matunda
el carro de compra
toroli

BUTCHERS

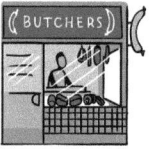

la carniceria

mchinjaji

BAKERY

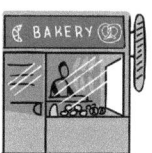

la panadería

mwokaji

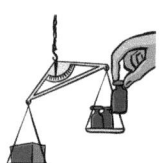

pesar

uzito

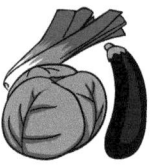

las verduras

mboga

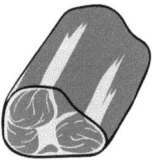

la carne

nyama

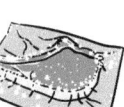

los alimentos congelados

chakula waliohifadhiwa

los fiambres

pande vya nyama baridi

las conservas

chakula cha kopo

el detergente en polvo

sabuni ya unga

los dulces

pipi

productos de uso doméstico

bidhaa za kaya

productos de limpieza

bidhaa za kusafisha

la vendedora

mtu mauzo

la caja de cartón

mpaka

el cajero

keshia

la lista de la compra

orodha ya manunuzi

el horario de atención al público

masaa ya ufunguzi

la cartera

mkoba

la tarjeta de crédito

kadi

la bolsa de plástico

mfuko

la bolsa de plástico

mfuko wa plastiki

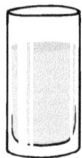

el agua

maji

el zumo

sharubati

la leche

maziwa

la cola

coke

el vino

mvinyo

la cerveza

bia

el alcohol

pombe

el cacao

kakao

el té

chai

el café

kahawa

el expreso

spreso

el capuchino

kapuchino

el plátano

ndizi

la manzana

tufaha

la naranja

machungwa

el melón

tikiti

el limón

lemon

la zanahoria

karoti

el ajo

kitunguu saumu

el bambú

mianzi

la cebolla

kitunguu

el champiñón

uyoga

las avellanas

karanga

los fideos

nudo

las espagueti

spageti

el arroz

mpunga

la ensalada

saladi

las patatas fritas

vibanzi

las patatas fritas

viazi vya kukaanga

la pizza

piza

la hamburguesa

hambaga

el sándwich

sandwichi

el filete

kipande

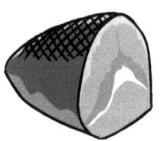

el jamón

paja la mnyama

le salami

salami

la salchicha

soseji

el pollo

kuku

el asado

choma

el pescado

samaki

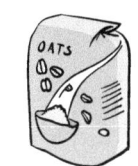

los copos de avena
oats ya uji

el muesli
muesli

los copos de maíz
cornflakes

la harina
unga

el cruasán
kroisanti

el panecillo
andazi

el pan
mkate

la tostada
mkate wa kubanika

las galletas
biskuti

la mantequilla
siagi

la cuajada
maziwa mgando

el pastel
keki

el huevo
yai

el huevo frito
yai kukaanga

el queso
jibini

el helado

aiskrimu

el azúcar

sukari

la miel

asali

la mermelada

jemu

la crema de turrón

kuenea kwa chokoleti

el curry

mchuzi wa viungo

la granja
shamba

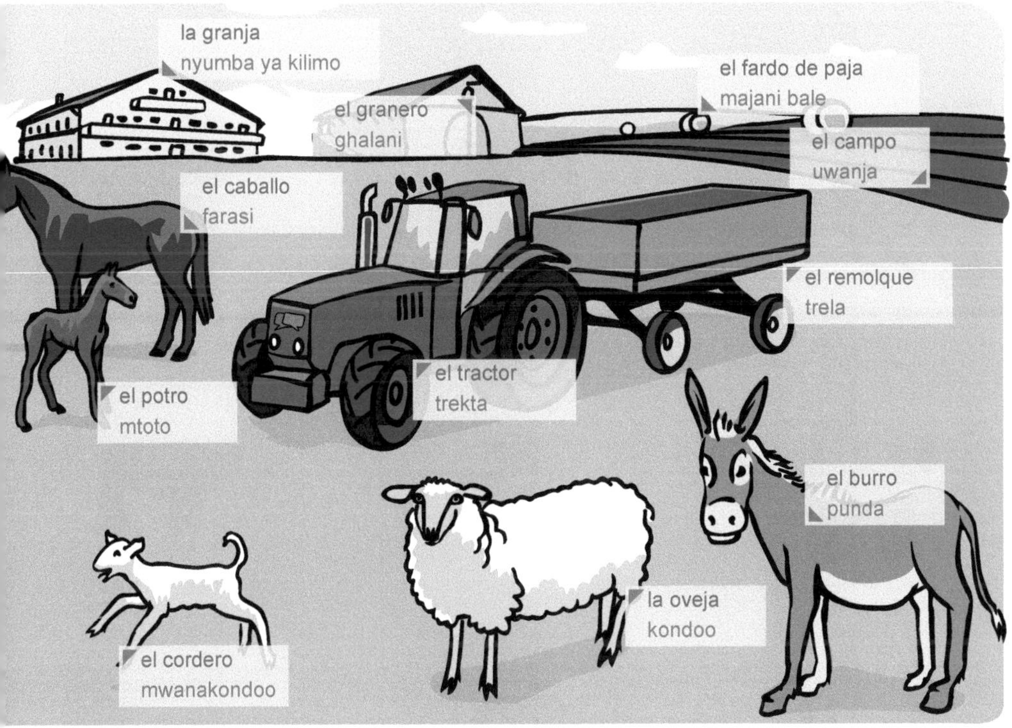

la granja
nyumba ya kilimo
el granero
ghalani
el fardo de paja
majani bale
el campo
uwanja
el caballo
farasi
el remolque
trela
el tractor
trekta
el potro
mtoto
el burro
punda
la oveja
kondoo
el cordero
mwanakondoo

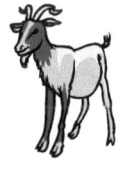

la cabra

mbuzi

la vaca

ng'ombe

el ternero

ndama

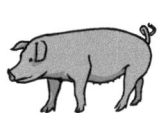

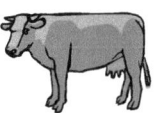

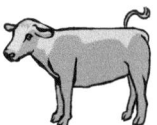

el cerdo

nguruwe

el cerdito

mwananguruwe

el toro

fahali

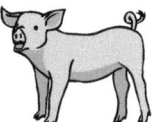

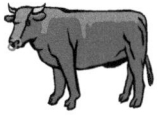

el ganso

batabukini

el pato

bata

el pollo

kifaranga

la gallina

kuku

el gallo

jogoo

la rata

panya

el gato

paka

el ratón

panya

el buey

ng'ombe

el perro

mbwa

la perrera

nyumba ya mbwa

la manguera

bomba la bustani

la regadera

debe la kumwagilia maji

la guadaña

fyekeo

el arado

kulima

la hoz

mundu

la azada

jembe

la horca

uma wa nyasi

el hacha

shoka

la carretilla

toroli

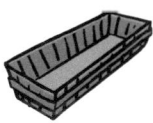

el abrevadero

kupitia nyimbo

la lechera

chombo cha maziwa

el saco

gunia

la valla

ua

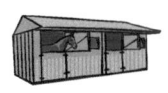

el establo

imara

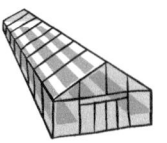

el invernadero

chafu

el suelo

udongo

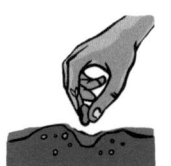

la semilla

mbegu

el fertilizador

mbolea

la cosechadora

kivunaji

la granja - shamba

cosechar

mavuno

la cosecha

mavuno

el ñame

viazi vikuu

el trigo

ngano

el soja

soya

la patata

viazi

el maíz

mahindi

la semilla de colza

rapa

el árbol frutal

mti wa matunda

la mandioca

muhogo

las cereales

nafaka

la casa
nyumba

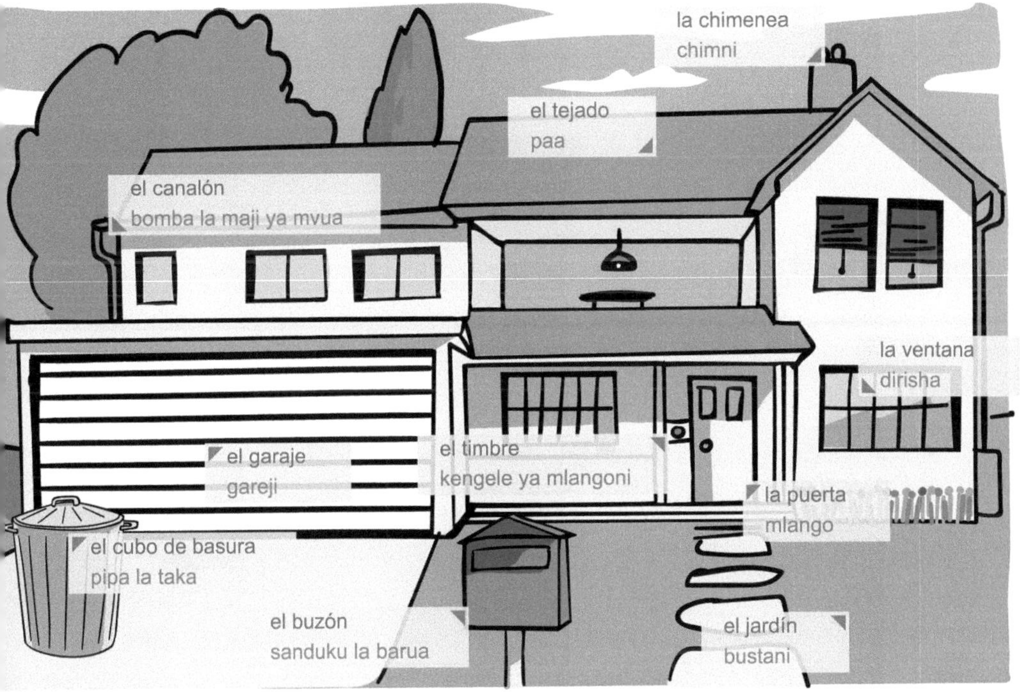
la chimenea
chimni
el tejado
paa
el canalón
bomba la maji ya mvua
la ventana
dirisha
el garaje
gareji
el timbre
kengele ya mlangoni
la puerta
mlango
el cubo de basura
pipa la taka
el buzón
sanduku la barua
el jardín
bustani

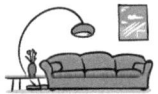

la sala
sebuleni

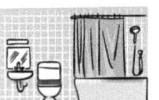

el cuarto de baño
bafu

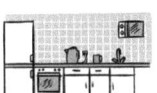

la cocina
jikoni

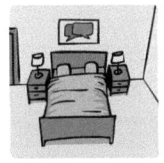

el dormitorio
chumba cha kulala

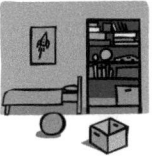

la habitación de los niños
chumba ya mtoto

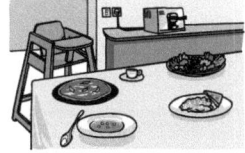

el comedor
chumba cha kulia

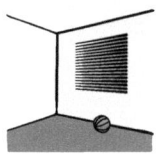

el suelo

sakafu

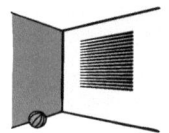

la pared

ukuta

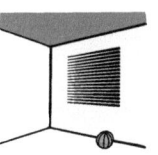

el techo

dari

el sótano

pishi

la sauna

sauna

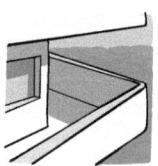

el balcón

roshani

la terraza

mtaro

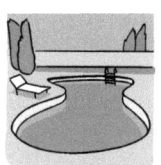

la piscina

kidimbwi

el cortacésped

mashine ya kukata nyasi

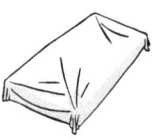

la sábana

karatasi

la colcha

kitambaa cha kupamba kitanda

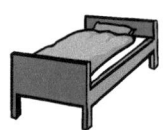

la cama

kitanda

la escoba

ufagio

el balde

ndoo

el interruptor

kubadili

la sala
sebuleni

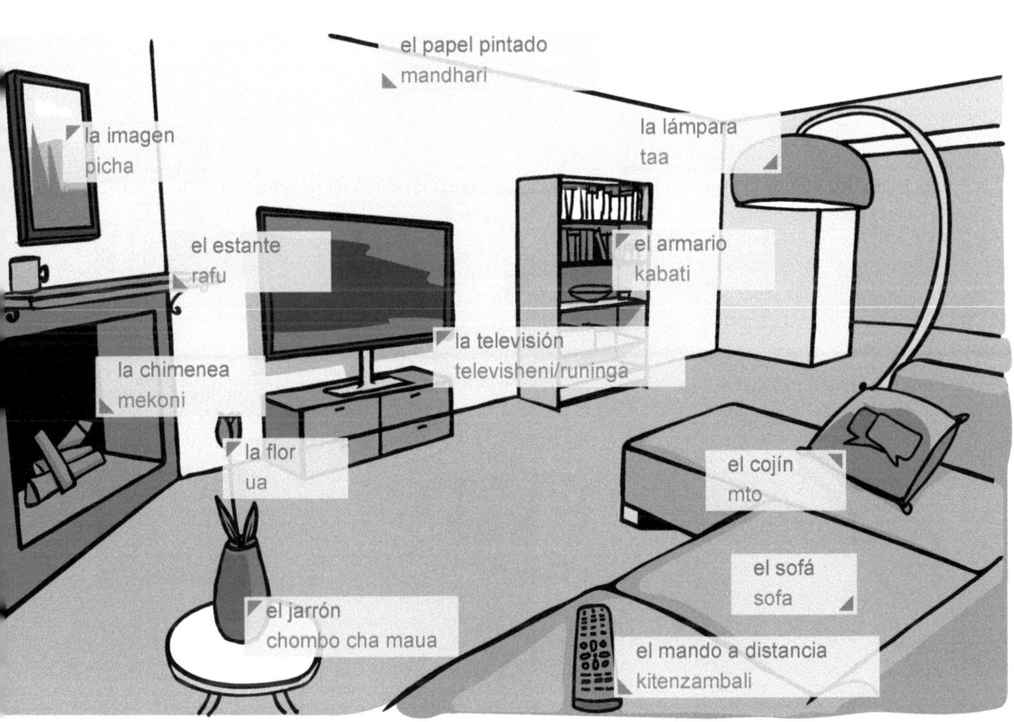

el papel pintado
mandhari
la imagen
picha
la lámpara
taa
el estante
rafu
el armario
kabati
la televisión
televisheni/runinga
la chimenea
mekoni
la flor
ua
el cojín
mto
el sofá
sofa
el jarrón
chombo cha maua
el mando a distancia
kitenzambali

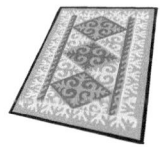

la alfombra

zulia

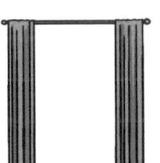

la cortina

pazia

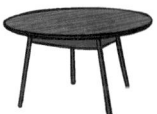

la mesa

meza

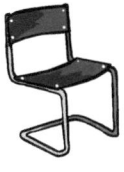

la silla

kiti

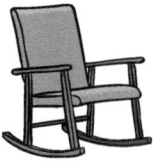

el mecedora

kiti cha bembea

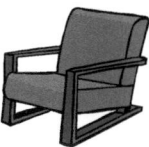

la butaca

armchair

el libro

kitabu

la manta

blanketi

la decoración

mapambo

la leña

kuni

la película

filamu

el equipo de música

kifaa cha hi-fi

la llave

ufunguo

el periódico

gazeti

la pintura

uchoraji

el póster

bango

la radio

redio

el cuaderno

daftari

la aspiradora

kifyonza

el cactus

dunguci kakati

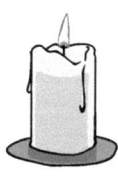

la vela

mshumaa

la cocina
jikoni

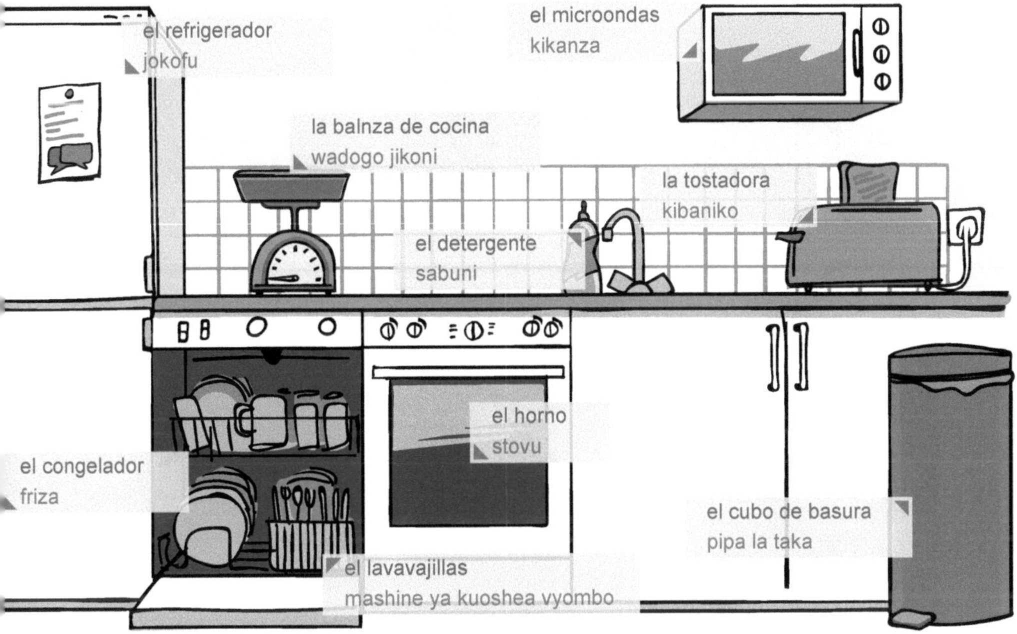
el refrigerador
jokofu
el microondas
kikanza
la balnza de cocina
wadogo jikoni
la tostadora
kibaniko
el detergente
sabuni
el horno
stovu
el congelador
friza
el cubo de basura
pipa la taka
el lavavajillas
mashine ya kuoshea vyombo

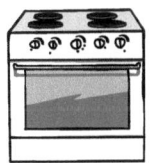

la olla a presión

jiko la kupika

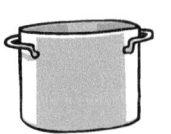

la olla

chungu

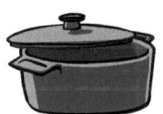

la olla de hierro fundido

sufuria ya chuma

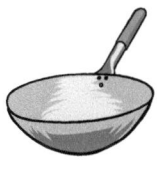

el wok

wok / kadai

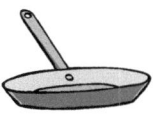

la cazuela

kaango

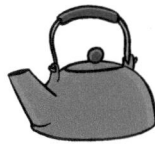

el hervidor

birika

la vaporera
....
stima

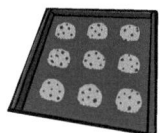

la chapa de horno
....
sinia ya kuoka

la vajilla
....
vyombo vya udongo

la taza
....
kombe

el tazón
....
bakuli

los palillos
....
vijiti vya kulia

el cucharón
....
ukawa

la espumadera
....
mwiko mpana

el batidor
....
burashi

el colador
....
kichujio

el cedazo
....
chujio

el rallador
....
mbuzi

el mortero
....
chokaa

la barbacoa
....
barbeque

la hoguera
....
moto wazi

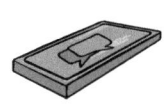

la tabla de picar

ubao wa majaribio

el rodillo

kijiti cha kusukuma unga

el sacacorchos

kizibuo

la lata

kopo

el abrelatas

inaweza kopo

el agarrador

kishikio cha chungu

el lavabo

karo

el cepillo

brashi

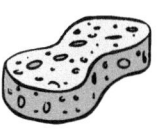

la esponja

sifongo

la batidora

kisagaji matunda

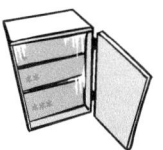

el congelador

friji ya kina

el biberón

chupa ya mtoto

el grifo

bomba

el cuarto de baño
bafu

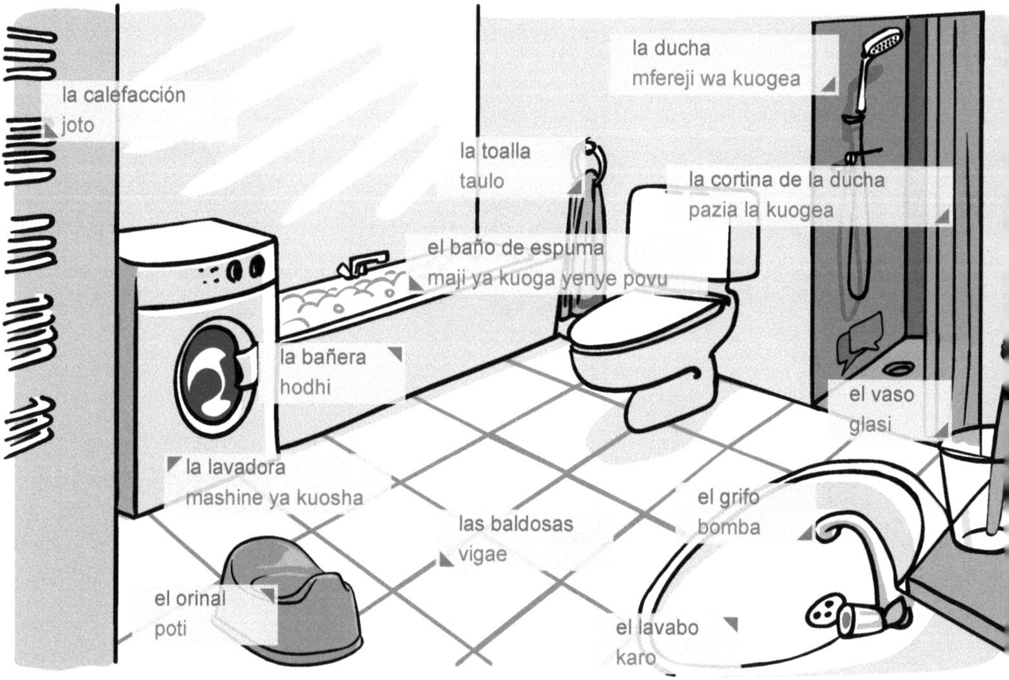

la calefacción
joto
la toalla
taulo
la ducha
mfereji wa kuogea
la cortina de la ducha
pazia la kuogea
el baño de espuma
maji ya kuoga yenye povu
la bañera
hodhi
el vaso
glasi
la lavadora
mashine ya kuosha
el grifo
bomba
las baldosas
vigae
el orinal
poti
el lavabo
karo

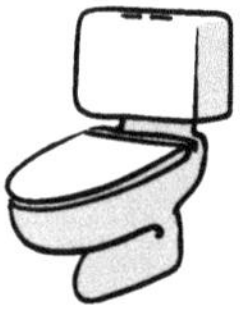

el inodoro

choo

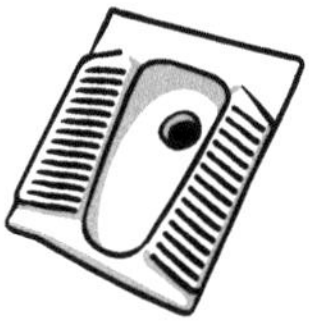

el inodoro rústico

choo cha squat

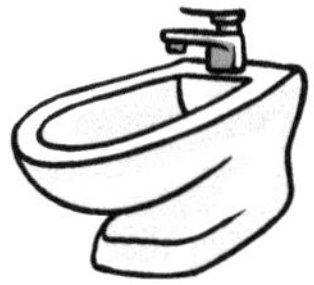

el bidé

beseni la mviringo

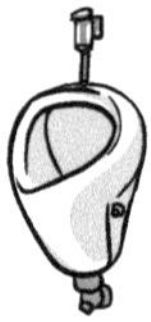

el urinario

choo cha umma

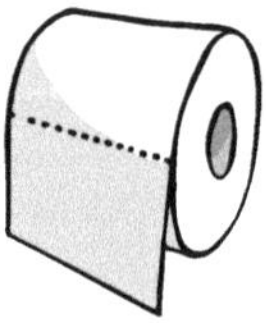

el papel higiénico

shashi

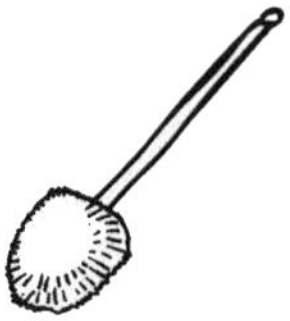

la escobilla del váter

brashi ya choo

el cepillo de dientes

mswaki

la pasta de dientes

dawa ya meno

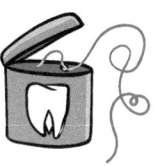

el hilo dental

dawa ya meno

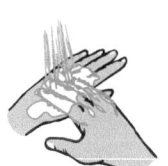

lavar

safisha

la ducha de mano

kuoga mkono

la ducha íntima

msukumo wa maji

la pila

bonde

el cepillo de espalda

mpako wa pili

el jabón

sabuni

el gel de ducha

jeli ya kuogea

el champú

shampuu

la toallita

flana

el desagüe

toa maji

la crema

krimu

el desodorante

kiondoa harufu

el espejo

kioo

el espejo de tocador

kioo mkono

la maquinilla de afeitar

kinyozi

la espuma de afeitar

povu la kunyoa

la loción postafeitado

baada ya kunyoa

el peine

kichana

el cepillo

brashi

el secador

kikausha nywele

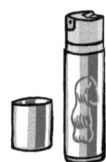

la laca

marashi ya nyewele

el maquillaje

vipodozi

el pintalabios

kidomwa

el pintauñas

varnish ya msumari

el algodón

pamba

el cortauñas

mkasi wa kucha

el perfume

manukato

el estuche de viaje

mkoba wa kuosha

la banqueta

kinyesi

la balanza

mizani

el albornoz

nguo ya kuoga

los guantes de goma

glavu za mpira

el tampón

kisodo

la compresa

sodo

el inodoro químico

kemikali choo

la habitación de los niños

chumba ya mtoto

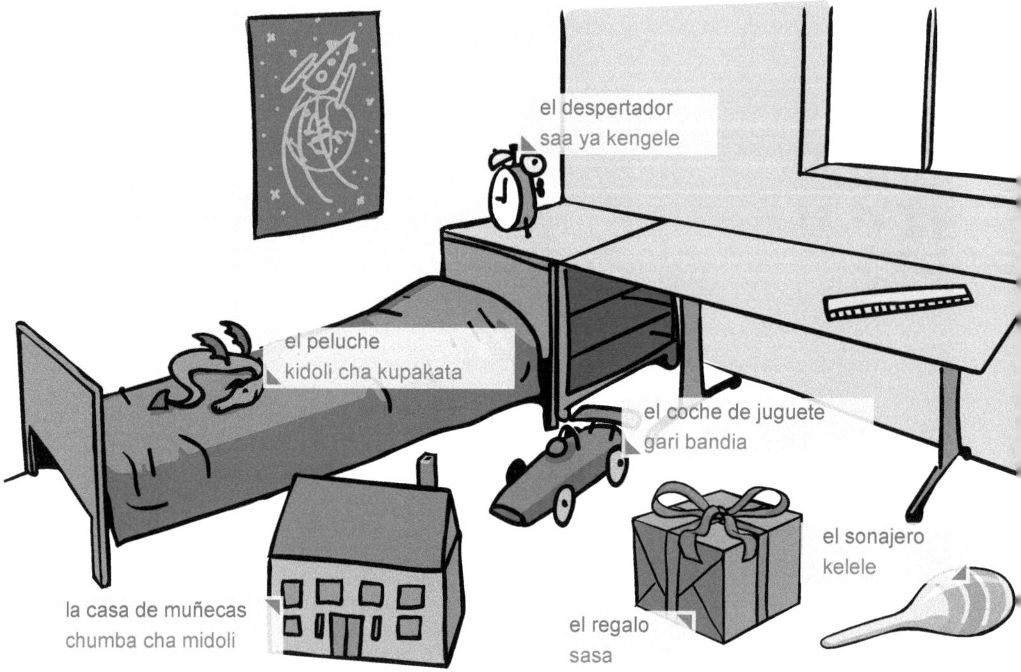
el despertador
saa ya kengele
el peluche
kidoli cha kupakata
el coche de juguete
gari bandia
el sonajero
kelele
la casa de muñecas
chumba cha midoli
el regalo
sasa

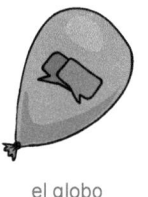

el globo

baluni

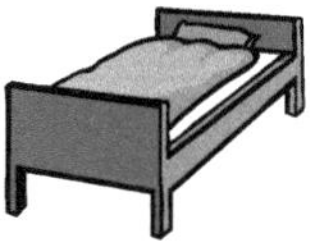

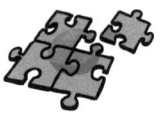

la cama

kitanda

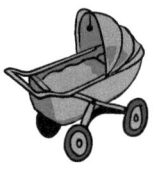

el coche de niño

mashua

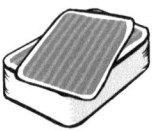

los naipes

staha ya kadi

el puzle

mchezo-fumb

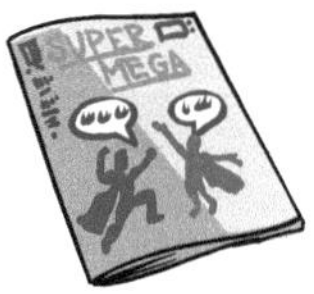
SUPER MEGA

el tebeo

vichekesho

las piezas de lego

matofali lego

los bloques de juguete

vitalu mwigo

la figura de acción

hatua takwimu

el bodi (de bebé)

suti ya kulalia

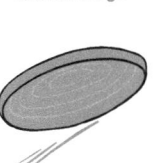

el frisbee

kisahani

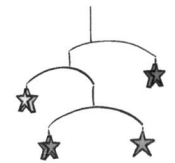

el colgador móvil para bebés

simu

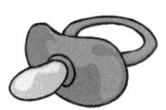

el juego de mesa

ubao wa michezo

los dados

kete

el circuito de tren eléctrico

garimoshi mwigo

el maniquí

dummy

la fiesta

chama

el álbum de fotos

picha kitabu

la pelota

mpira

la muñeca

kikaragosi

jugar

kucheza

el cajón de arena

shimo la mchanga

el columpio

bembea

los juguetes

vitu bandia

la videoconsola

kiweko cha video ya mchezo

el triciclo

baiskeli ya magurudumu

el oso de peluche

mwanasesere

la guardarropa

kabati

matatu

la ropa

nguo

los calcetines

soksi

las medias

stokingi

los leotardos

kibano

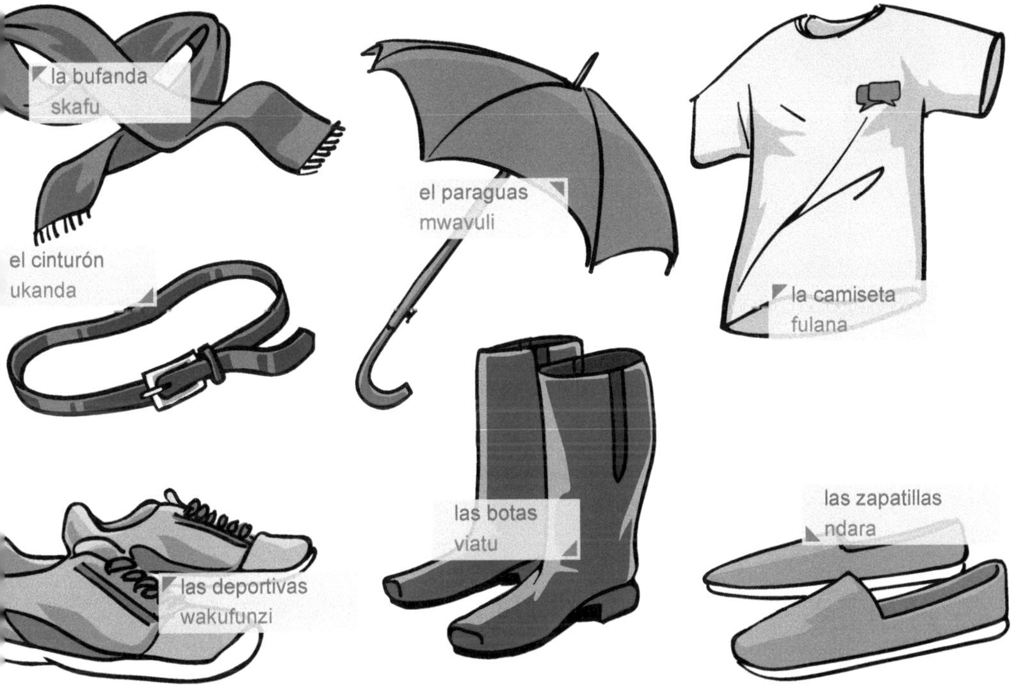

la bufanda
skafu

el paraguas
mwavuli

la camiseta
fulana

el cinturón
ukanda

las botas
viatu

las zapatillas
ndara

las deportivas
wakufunzi

las sandalias
....
malapa

los zapatos
....
viatu

las botas de goma
....
mabuti ya mpira

el slip
....
suruali ya ndani

el sostén
....
sidiria

el chaleco
....
fulana

el bodi

mwili

los pantalones cortos

suruali

los vaqueros

dangirizi

la falda

sketi

la blusa

blauzi

la camisa

shati

el jersey

vuta

el suéter

sweta

el blazer

bleza

la chaqueta

jaketi

el abrigo

koti

la gabardina

koti la mvua

el traje

maleba

el vestido

gauni

el vestido de novia

mavazi ya harusi

la ropa - nguo

el traje

suti

el camisón

vazi la usiku

el pijama

pajama

el sati

sari

el bandana

skafu

el turbante

kilemba

la burka

burka

el caftán

kaftan

la abaya

abaya

el traje de baño

vazi la kuogelea

el bañador

vazi la kiume la kuogelea

los pantalones cortos

kaptura

el chándal

teitei

el delantal

aproni

los guantes

glavu

el botón

kifungo

las gafas

glasi

el brazalete

bangili

el collar

mkufu

el anillo

pete

el pendiente

herini

la gorra

kofia

la percha

kiango cha koti

el sombrero

kofia

la corbata

tai

la cremallera

zipu

el casco

kofia

los tirantes

kanda za suruali

el uniforme

sare za shule

el uniforme

sare

el babero
bibu

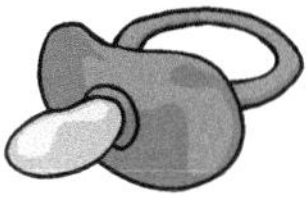

el maniquí
dummy

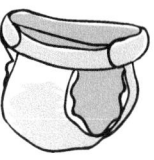

el pañal
nepi

la oficina
ofisi

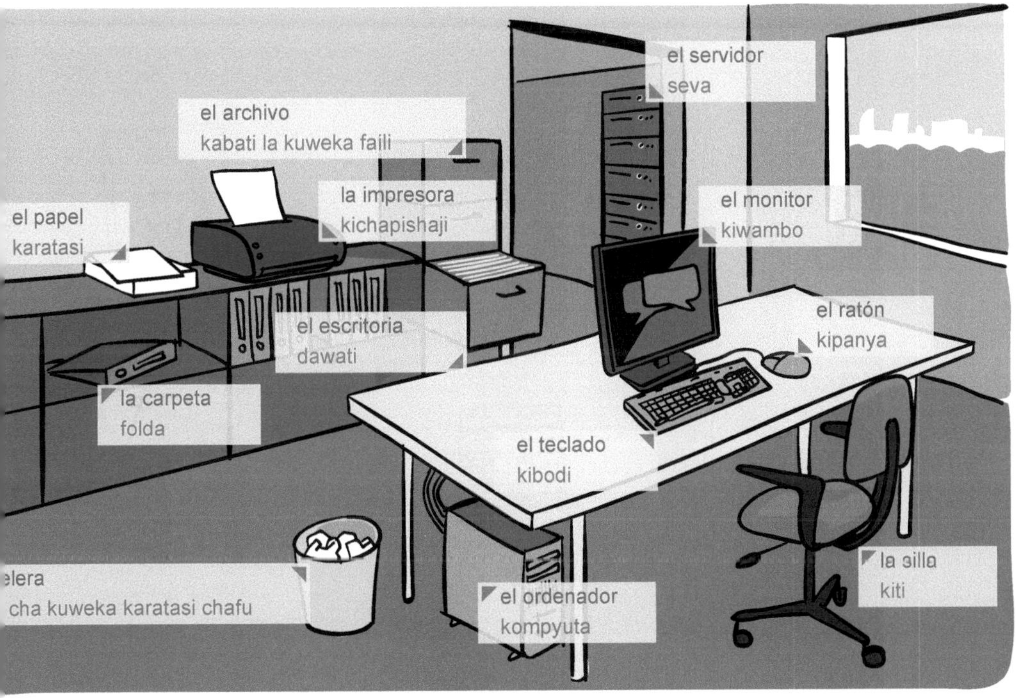

el servidor
seva

el archivo
kabati la kuweka faili

la impresora
kichapishaji

el monitor
kiwambo

el papel
karatasi

el escritoria
dawati

el ratón
kipanya

la carpeta
folda

el teclado
kibodi

elera
cha kuweka karatasi chafu

la silla
kiti

el ordenador
kompyuta

la taza de café
kmobe la kahawa

la calculadora

kikokotoo

el internet
biashara

el portátil

mbali

la carta

barua

el mensaje

ujumbe

el móvil

rununu

la red

intaneti

la fotocopiadora

fotokopia

el software

programu

el teléfono

simu

la toma de corriente

soketi

el fax

kipepesi

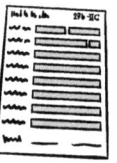

el formulario

fomu

el documento

hati

comprar
....
kununua

pagar
....
kulipa

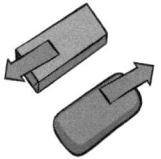

comerciar
....
biashara

el dinero
....
fedha

el dólar
....
dola

el euro
....
yuro

el yen
....
yeni

el rublo
....
rouble

el franco suizo
....
faranga ya Uswisi

el renminbi yuan
....
renminbi yuan

la rupia
....
rupia

el cajero automático
....
eneo la kulipia

la oficina de cambio de
divisas
ofisi ya ubadilishanaji

el oro
dhahabu

la plata
fedha

el petróleo
mafuta

la energía
nishati

el precio
bei

el contrato
mkataba

el impuesto
kodi

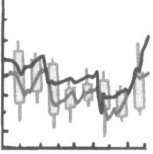

la acción
bidhaa

trabajar
kazi

el empleador
mfanyakazi

el empleador
mwajiri

la fábrica
kiwanda

la tienda de campaña
duka

los oficios
kazi

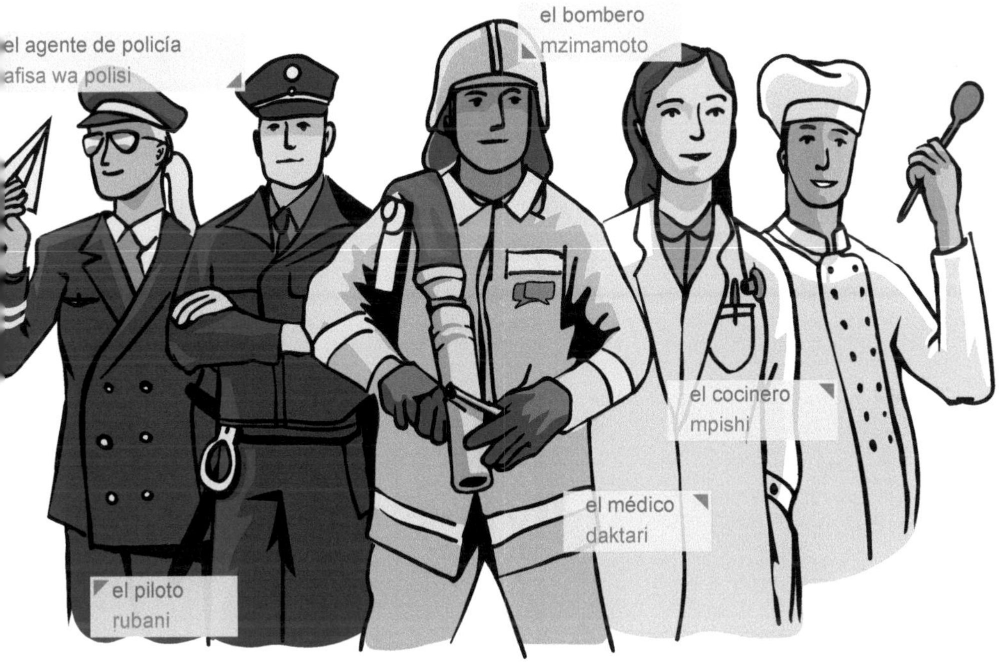
el agente de policía
afisa wa polisi
el bombero
mzimamoto
el cocinero
mpishi
el médico
daktari
el piloto
rubani

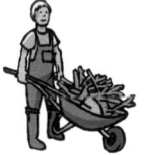

el jardinero

mtunza bustani

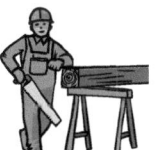

el carpintero

seremala

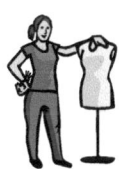

la costurera

mshonaji

el juez

hakimu

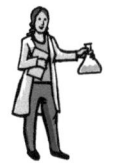

el farmacéutico

mwanakemia

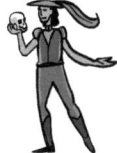

el actor

muigizaji

el conductor de autobús

dereva wa basi

el taxista

dereva wa teksi

el pescador

mvuvi

la señora de la limpieza

mwanamke wa kusafisha

el techador

mwezekaji

el camarero

mhudumu

el cazador

mwindaji

el pintor

mchoraji

el panadero

mwokaji

el electricista

umeme

el obrero

mjenzi

el ingeniero

mhandisi

el carnicero

mchinjaji

el fontanero

fundi bomba

el cartero

mwanaposta

el soldado

mwanajeshi

el arquitecto

msanifu majengo

el cajero

keshia

el florista

muuza maua

el peluquero

msusi

el revisor

kondakta

el mecánico

mekanika

el capitán

nahodha

el dentista

daktari wa meno

el científico

mwanasayansi

el rabino

rabbi

el imán

imamu

el monje

mtawa

el sacerdote

kasisi

las herramientas

zana

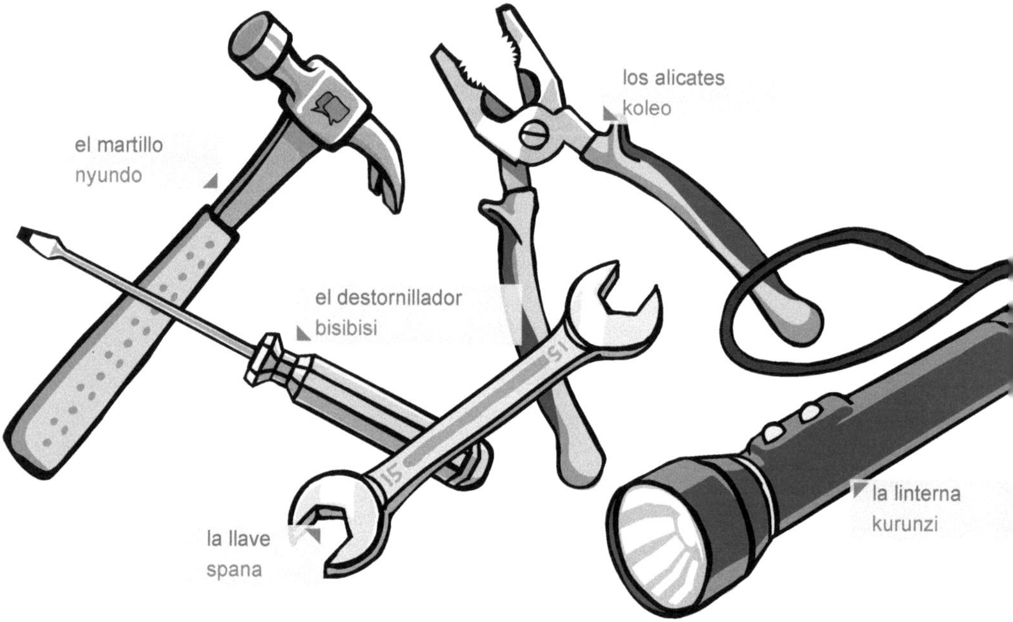

el martillo
nyundo

los alicates
koleo

el destornillador
bisibisi

la llave
spana

la linterna
kurunzi

la excavadora
mchimbaji

la caja de herramientas
sanduku la vifaa

la escalera de mano
ngazi

la sierra
msumeno

los clavos
misumari

el taladro
kuchimba visima

reparar
kukarabati

la pala
sepetu

¡Maldita sea!
Lo!

el recogedor
kishikio cha uchafu

el bote de pintura
chungu cha rangi

los tornillos
skurubu

los instrumentos musicales
ala za muziki

el altavoz
spika

la batería
mpangilio wa ngoma

la guitarra
gita

el contrabajo
besi mara mbili

la trompeta
tarumbeta

el piano

piano

el violín

fidla

bajo

ubeji

los timbales

timpani

el tambor

ngoma

el teclado

kibodi

el saxofón

saksafoni

la flauta

filimbi

el micrófono

maikrofoni

el zoo
bustani ya wanyama

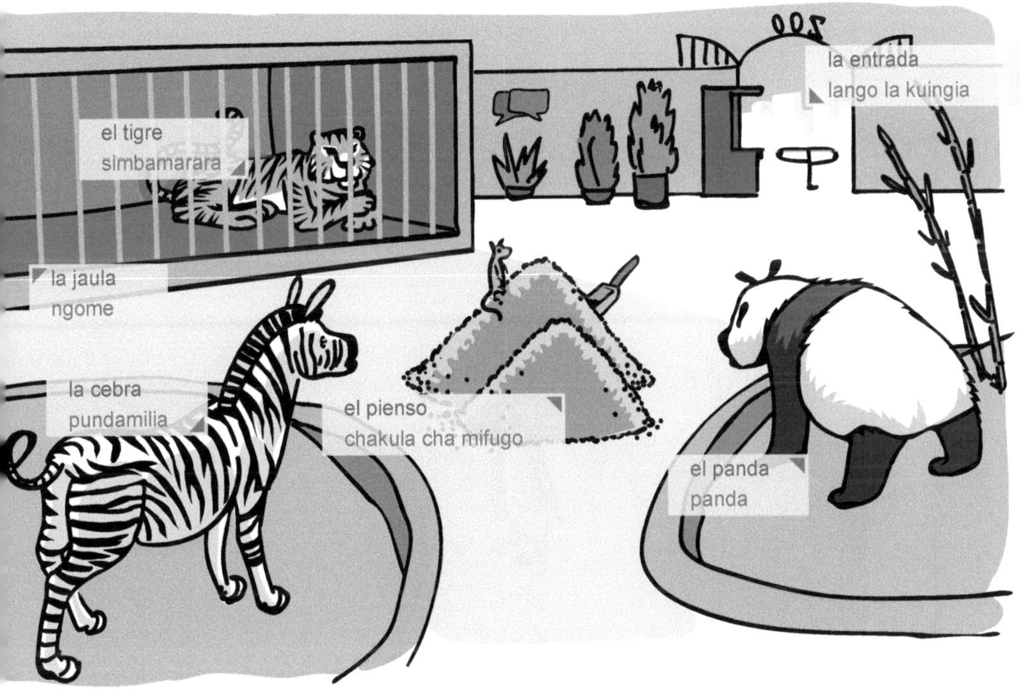
la entrada
lango la kuingia
el tigre
simbamarara
la jaula
ngome
la cebra
pundamilia
el pienso
chakula cha mifugo
el panda
panda

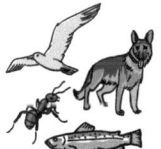

los animales

wanyama

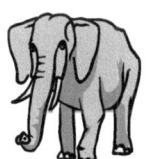

el elefante

tembo

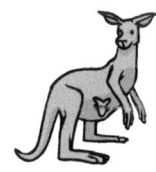

el canguro

kangaruu

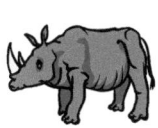

el rinoceronte

kifaru

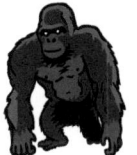

el gorila

sokwe

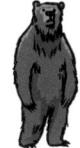

el oso

dubu

el camello

ngamia

el avestruz

mbuni

el león

simba

el mono

tumbili

el flamingo

heroe

el loro

kasuku

el oso polar

dubu

el pingüino

penguini

el tiburón

papa

el pavo real

tausi

la serpiente

nyoka

el cocodrilo

mamba

el guardián de zoológico

mtunza wanyama

la foca

muhuri

el jaguar

jaguar

el poni

mwanafarasi

el leopardo

chui

el hipopótamo

kiboko

la jirafa

twiga

el águila

tai

el jabalí

nguruwe mwitu

el pescado

samaki

la tortuga

kobe

la morsa

sili

el zorro

mbweha

la gacela

paa

el fútbol americano
soka ya marekani

el ciclismo
uendeshaji baiskeli

el tenis
tenisi

el baloncesto
mpira wa kikapu

la natación
kuogelea

el boxeo
ndondi

el hockey sobre hielo
magongo ya barafuni

el fútbol
soka

el bádminton
vinyoya

el atletismo
riadha

el balonmano
mpira wa mikono

el esquí
skii

el polo
polo

las actividades
shughuli

reír
cheka
saltar
kuruka
abrazar
kumbatia
caminar
kutembea
cantar
kuimba
soñar
ota ndoto
rezar
kuomba
besar
busu

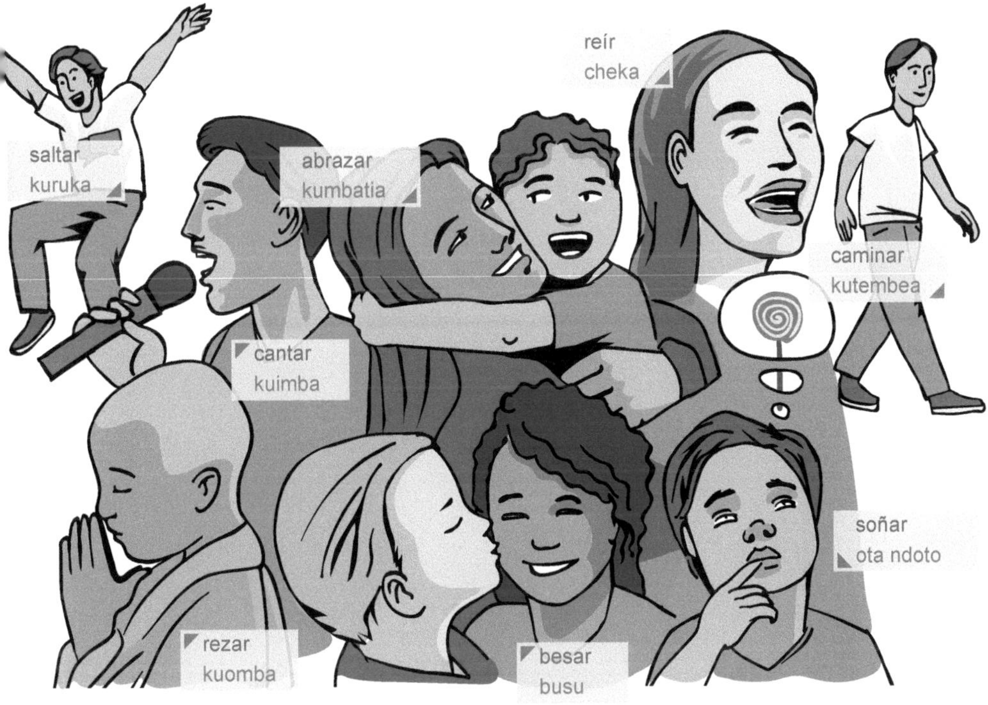

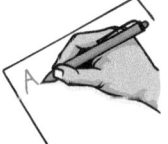

escribir

kuandika

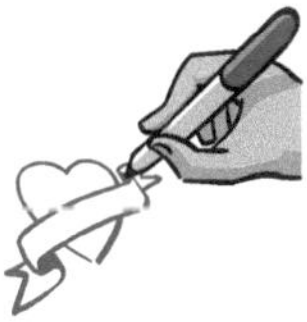

dibujar

kuteka

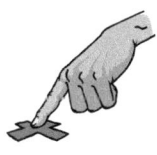

mostrar

angalia

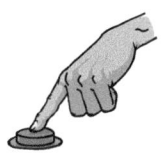

empujar

sukuma

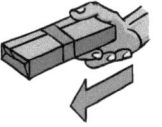

dar

kutoa

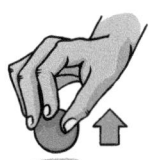

tomar

kuchukua

tener
kuwa

hacer
fanya

ser
kuwa

estar de pie
kusimama

correr
kukimbia

tirar
vuta

tirar
kutupa

caer
kuanguka

yacer
hadaa

esperar
kusubiri

llevar
kubeba

estar sentado
kukaa

vestirse
vaa nguo

dormir
usingizi

despertar
kuamka

mirar
kuangalia

llorar
lia

acariciar
kiharusi

peinar
chana nywele

hablar
ongea

entender
kuelewa

preguntar
kuuliza

escuchar
kusikiliza

beber
kunywa

comer
kula

ordenar
nadhifisha

amar
upendo

cocinar
mpishi

conducir
gari

volar
kuruka

navegar
meli

calcular
kokotoa

leer
kusoma

aprender
kujifunza

trabajar
kazi

casarse
kuoa

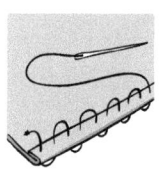

coser
kushona

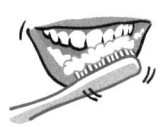

cepillarse los dientes
piga mswaki

matar
kuua

fumar
moshi

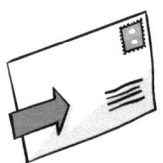

enviar
kutuma

la familia
familia

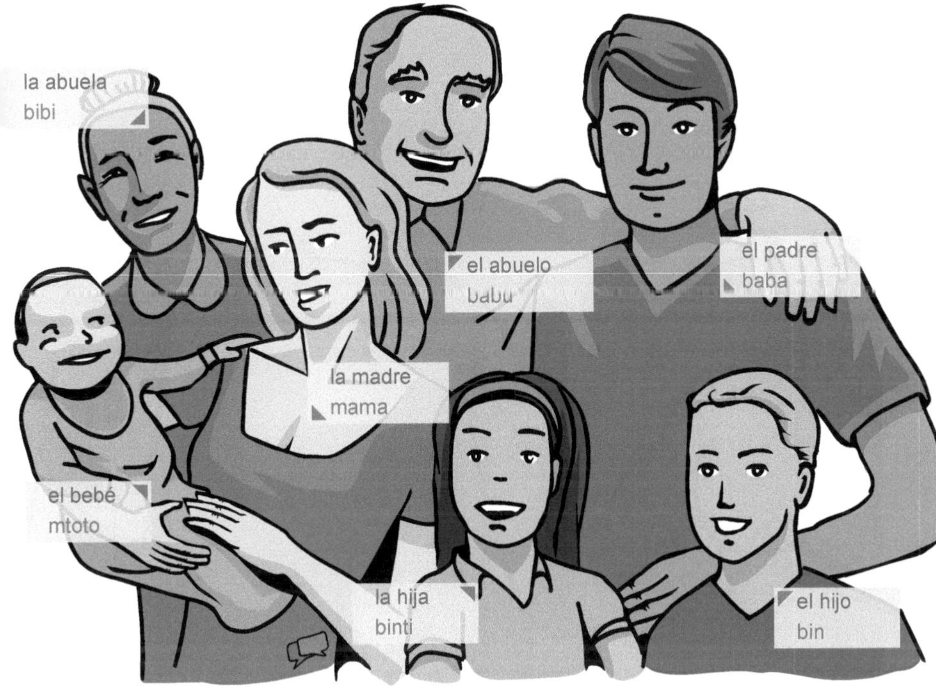
la abuela
bibi
el abuelo
babu
el padre
baba
la madre
mama
el bebé
mtoto
la hija
binti
el hijo
bin

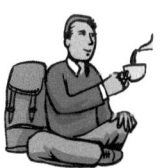

el invitado

mgeni

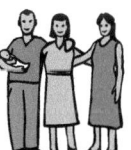

la tía

shangazi

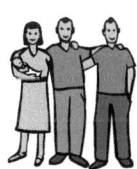

el tío

mjomba

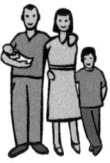

el hermano

kaka

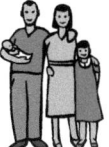

la hermana

dada

el cuerpo

mwili

la frente
paji la uso
el ojo
jicho
el hombro
bega
el dedo
kidole
la cara
uso
la barbilla
kidevu
la mano
mkono
la pierna
mguu
el pecho
matiti
el brazo
mkono

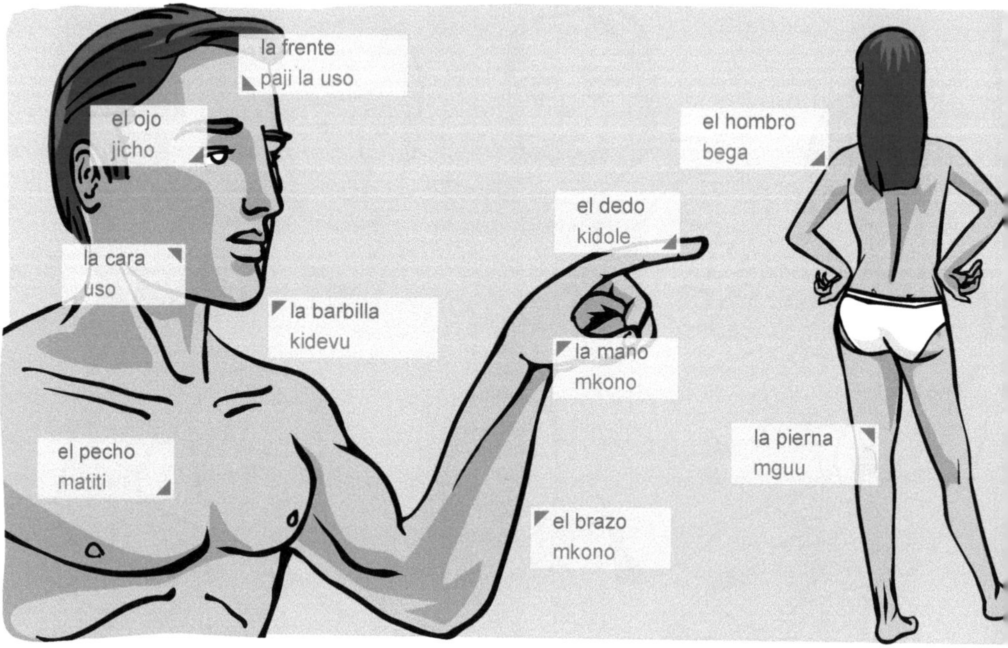

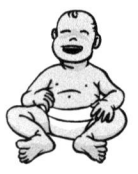

el bebé

mtoto

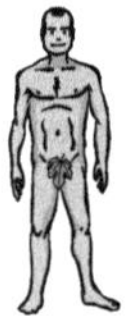

el hombre

mwanamume

la mujer

mwanamke

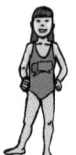

la chica

msichana

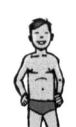

el chico

mvulana

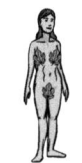

la cabeza

kichwa

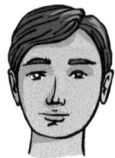

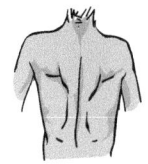

la espalda

nyuma

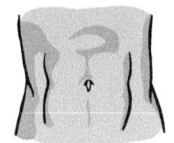

el vientre

tumbo

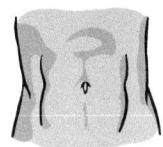

el ombligo

kitovu

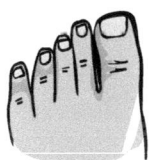

el dedo del pie

chano

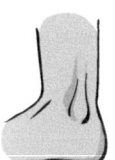

el talón

kisigino

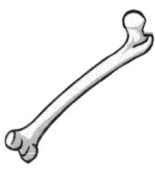

el hueso

mfupa

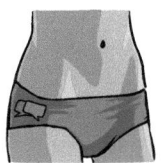

la cadera

nyonga

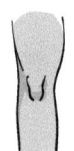

la rodilla

goti

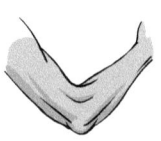

el codo

kiwiko

la nariz

pua

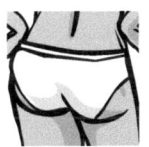

el trasero

chini

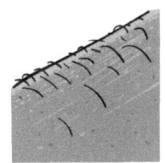

la piel

ngozi

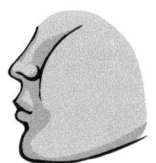

la mejilla

shavu

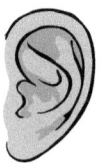

el oído

sikio

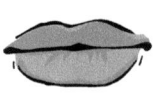

el labio

mdomo

la boca

kinywa

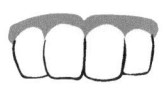

el diente

jino

la lengua

ulimi

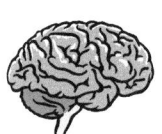

el cerebro

ubongo

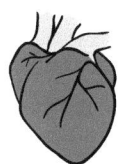

el corazón

moyo

el músculo

misuli

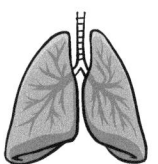

el pulmón

pafu

el hígado

ini

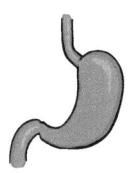

el estómago

tumbo

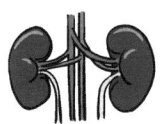

los riñones

figo

el sexo

jinsia

el condón

kondomu

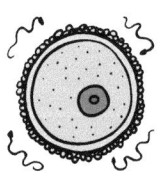

el ovario

ovari

el semen

shahawa

el embarazo

mimba

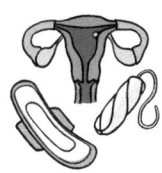

la menstruación

hedhi

la vagina

uke

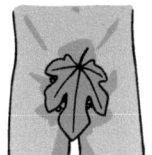

el pene

uume

la ceja

unyusi

el pelo

nywele

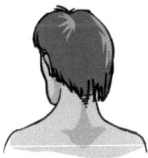

el cuello

shingo

el hospital
hospitali

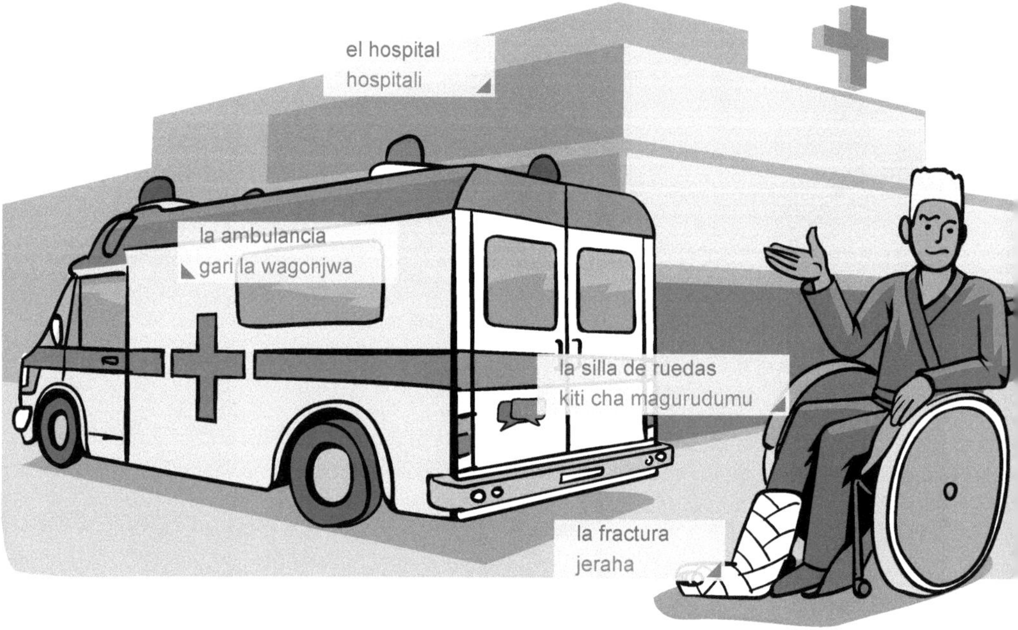

el hospital
hospitali
la ambulancia
gari la wagonjwa
la silla de ruedas
kiti cha magurudumu
la fractura
jeraha

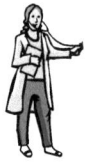

el médico

daktari

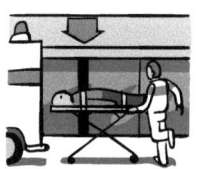

la sala de urgencias

chumba cha dharura

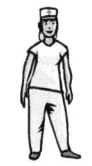

la enfermera

muuguzi

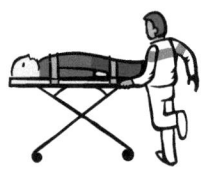

la urgencia

dharura

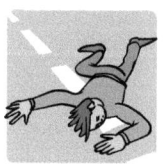

inconsciente

kupoteza fahamu

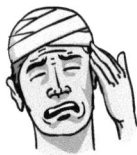

el dolor

maumivu

la lesión

kuumia

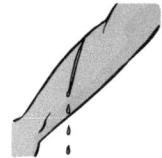

la hemorragia

kutokwa na damu

el infarto

mshtuko wa moyo

el ictus

kiharusi

la alergia

mzio

la tos

kikohozi

la fiebre

homa

la gripe

mafua

la diarrea

kuharisha

el dolor de cabeza

maumivu ya kichwa

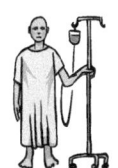

el cáncer

kansa

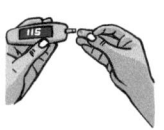

la diabetes

ugonjwa wa kisukari

el cirujano

daktari mpasuaji

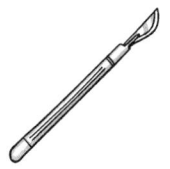

el bisturí

kisu kidogo cha kupasulia

la operación

operesheni

TAC

picha changanufu ya mwili

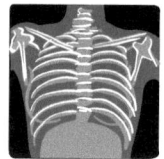

los rayos x

Eksrei

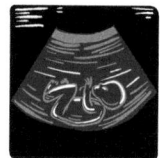

el ultrasonido

mawimbi sauti

la mascarilla

barakoa ya uso

la enfermedad

ugonjwa

la sala de espera

chumba cha kusubiri

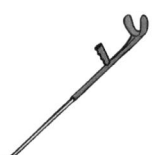

la muleta

mkongojo

la tirita

plasta

la venda

bendeji

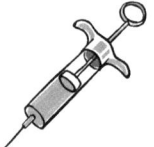

la inyección

sindano

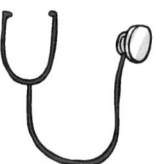

el estetoscopio

stetoskopu

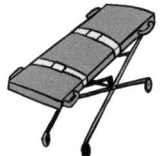

la camilla

machela

el termómetro

kipimajoto cha kliniki

el nacimiento

kuzaliwa

el sobrepeso

unene kupita kiasi

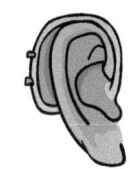

el audífono

kusikia misaada

el desinfectante

kipukusi

la infección

maambukizi

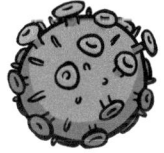

el virus

virusi

VIH / SIDA

VVU / UKIMWI

la medicina

dawa

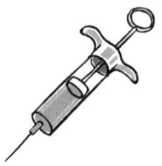

la vacunación

chanjo

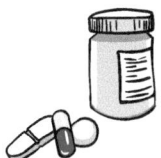

las tabletas

vidonge

la pastilla

kidonge

la llamada de urgencia

simu ya dharura

el tensiómetro

haemodainamometa

enfermo / sano

mgonjwa / mwenye afya

la alarma

kengele

el asalto

pigo

¡Socorro!

Msaada!

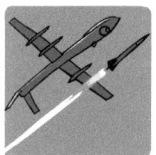

el ataque

shambulizi

el peligro

hatari

la salida de emergencia

lango la dharura

¡Fuego!

Moto!

el extintor de incendios

kizima moto

el accidente

ajali

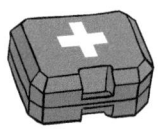

el botiquín de primeros auxilios

vifaa vya huduma ya kwanza

SOS

wito wa msaada

la policía

polisi

Europa

Ulaya

Norteamérica

Amerika ya Kaskazini

Sudamérica

Amerika ya Kusini

África

Afrika

Asia

Asia

Australia

Australia

el atlántico

Atlantiki

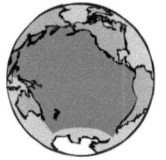

el Pacífico

Pasifiki

el Océano Índico

Bahari ya Hindi

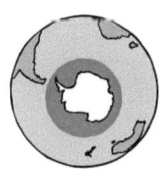

el Océano Antártico

Bahari ya Antaktiki

el Océano Ártico

Bahari ya Aktiki

el polo norte

Ncha ya Kaskazini

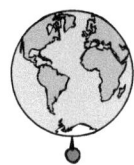

el polo sur

Ncha ya Kusini

La Antártida

Antaktika

la tierra

dunia

la tierra

nchi

el mar

bahari

la isla

kisiwa

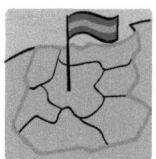

la nación

taifa

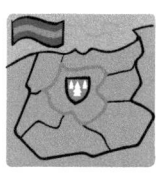

el estado

jimbo

la esfera

uso wa saa

la manecilla de las horas

akrabu ya saa

el minutero

akrabu ya dakika

el segundero

akrabu ya sekunde

¿Qué hora es?

Ni saa ngapi?

el día

siku

el tiempo

wakati

ahora

sasa

el reloj digital

saa ya dijitali

el minuto

dakika

la hora

saa

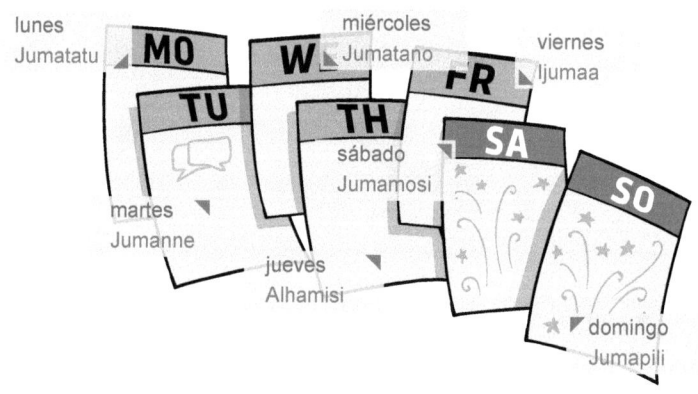

lunes
Jumatatu

miércoles
Jumatano

viernes
Ijumaa

martes
Jumanne

sábado
Jumamosi

jueves
Alhamisi

domingo
Jumapili

ayer
jana

hoy
leo

mañana
kesho

la mañana
asubuhi

el mediodía
saa sita mchana

la tarde
jioni

los días laborables
siku za biashara

el fin de semana
mwishoni mwa wiki

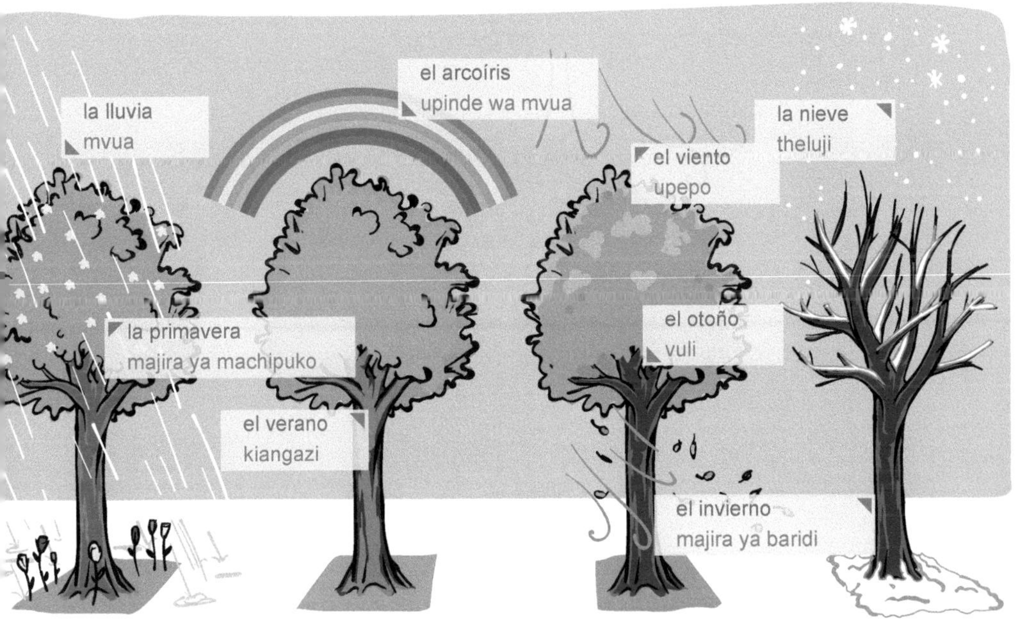

la lluvia
mvua

el arcoíris
upinde wa mvua

la nieve
theluji

el viento
upepo

la primavera
majira ya machipuko

el otoño
vuli

el verano
kiangazi

el invierno
majira ya baridi

4.APRIL	11°	☀
5.APRIL	4°	☁
6.APRIL	13°	☁
7.APRIL	0°	❄
8.APRIL	10°	☀

el pronóstico del tiempo

utabiri wa hali ya hewa

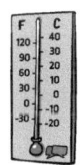

el termómetro

kipimajoto

el sol

mwanga wa jua

la nube

wingu

la niebla

ukungu

la humedad

unyevu

el rayo

umeme

el trueno

radi

la tormenta

dhoruba

el granizo

mvua ya mawe

el monzón

monsuni

la inundación

mafuriko

el hielo

barafu

enero

Januari

febrero

Februari

marzo

Machi

abril

Aprili

mayo

Mei

junio

Juni

julio

Julai

agosto

Agosti

septiembre
Septemba

octubre
Oktoba

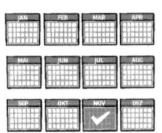

noviembre
Novemba

diciembre
Desemba

las formas
maumbo

el círculo
mduara

el cuadrado
mraba

el rectángulo
mstatili

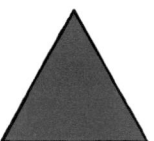

el triángulo
pembetatu

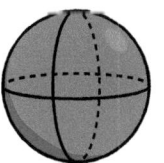

la esfera
nyanja

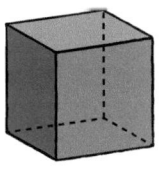

el cubo
mchemraba

blanco

nyeupe

amarillo

manjano

anaranjado

chungwa

rosa

rangi ya waridi

rojo

nyekundu

morado

hudhurungi

azul

bluu

verde

kijani

marrón

hanja

gris

jivujivu

negro

nyeusi

mucho / poco

mengi / kidogo

enojado / tranquilo

hasira / pole

bonito / feo

nzuri / mbaya

principio / fin

mwanzo / mwisho

grande / pequeño

kubwa / ndogo

claro / oscuro

angavu / giza

el hermano / la hermana

kaka / dada

limpio / sucio

safi / chafu

completo / incompleto

kamilika / tokamilika

el día / la noche

siku / usiku

muerto / vivo

wafu / hai

ancho / estrecho

pana / nyembamba

comestible / no comestible

....

kulika / kutolika

malo / amable

....

ovu / ema

entusiasmado / aburrido

....

sisimkwa / udhika

gordo / delgado

....

nene / nyembamba

primero / último

....

kwanza / mwisho

el amigo / el enemigo

....

rafiki / adui

lleno / vacío

....

jaa / tupu

duro / blando

....

ngumu / laini

pesado / ligero

....

nzito / nyepesi

el hambre / la sed

....

njaa / kiu

enfermo / sano

....

mgonjwa / mwenye afya

ilegal / legal

....

haramu / kisheria

inteligente / tonto

....

akili / kijinga

izquierda / derecha

....

kushoto / kulia

cerca / lejos

....

karibu / mbali

nuevo / usado

mpya / kutumika

nada / algo

kitu / jambo

viejo / joven

zee / changa

encendido / apagado

waka / zima

abierto / cerrado

wazi / fungwa

silencioso / ruidoso

utulivu / kelele

rico / pobre

tajiri / masikini

correcto / incorrecto

sahihi / kosa

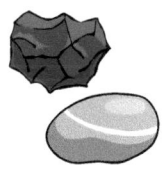

áspero / suave

mbaya / laini

triste / contento

huzunika / furahia

corto / largo

fupi /ndefu

lento / rápido

polepole / haraka

húmedo / seco

nyevu / kavu

cálido / frío

joto / baridi

guerra / paz

vita / amani

0

cero

sufuri

1

uno

moja

2

dos

mbili

3

tres

tatu

4

cuatro

nne

5

cinco

tano

6

seis

sita

7

siete

saba

8

ocho

nane

9

nueve

tisa

10

diez

kumi

11

once

kumi na moja

12

doce

kumi na mbili

13

trece

kumi na tatu

14

catorce

kumi na nne

15

quince

kumi na tano

16

dieciséis

kumi na sita

17

diecisiete

kumi na saba

18

dieciocho

kumi na nane

19

diecinueve

kumi na tisa

20

veinte

ishirini

100

cien

mia

1.000

mil

elfu

1.000.000

el millón

milioni

el inglés

Kiingereza

el inglés americano

Kiingereza cha Marekani

el chino madarín

Kimandarini cha Uchina

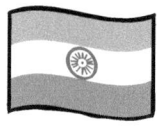

el hindi

Kihindi

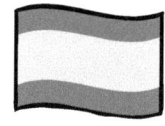

el español

Kihispania

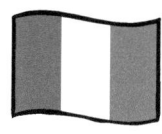

el francés

Kifaransa

el árabe

Kiarabu

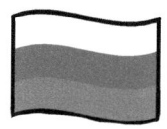

el ruso

Kirusi

el portugués

Kireno

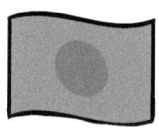

el bengalí

Kibengali

el alemán

Kijerumani

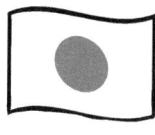

el japonés

Kijapani

yo

mimi

tú

wewe

él / ella / ello

yeye / yeye / ni

nosotros/as

sisi

vosotros/as

wewe

ellos/as

wao

¿quién?

nani?

¿qué?

nini?

¿cómo?

jinsi gani?

¿dónde?

wapi?

¿cuándo?

lini?

el nombre

jina

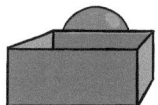

detrás

nyuma

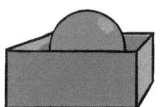

en

katika

delante de

mbele ya

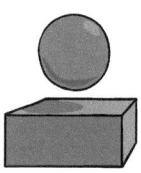

por encima de

juu ya

sobre

kwenye

debajo de

chini ya

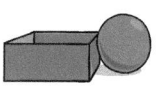

junto a

kando

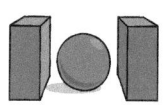

entre

kati

el lugar

mahali